JN408744

콩깍지

콩깍지

권명해 시집

해암

| 시인의 말 |

가슴으로 머문 발자국을 내딛으려 하니
설레임과 두려움이 앞선다.
이정표가 보이지 않아 머뭇거린 시의 여행을 알기까지
나의 시간이 더뎠다.
아직도 잘 모른다.
그래서 재미있는 시의 여행이 아닐까하며
나를 위로한다.
한 행마다 있는 여행의 종점에
기다리는 여운을 찾아
떠나는 여행을 이제는 쉬지 않으려 한다.

묵묵히 지켜봐 주는 가족과 서툴러도 박수를 아끼지 않고
격려해 주신 분들께 감사를 드립니다.

2018년 10월
가은 권 명 해

| 차례 |

01

02

03

04

05

01

콩깍지

나는
네 눈 콩깍지
나의 눈 콩깍지는
너

콩나물 시루 같던 초등교 교실
나는 네 짝지
너는 내 짝지
알콩 달콩 싸우며 들었던 정情

화객으로 초대된
동창들의 부러움에
다시
콩깍지

1박이 필요해

당신을 떠나
1박이 필요해

왜
또
시심詩心이 필요해

콩깍지로 만나
진행 중
콩깍지가 뒤에다 꽂는
전송의 한마디가 짠하게 울리는 길 떠남

버스에 오르자마자
문학기행의 소고小鼓로 쓰고자 들고
물음표를 부채 삼았다

마음의 행방은
아무도 눈치채지 못하는
작은 북소리 따라가며
두두리는 시심詩心

통보한
1박의 외박이 필요해

간이역에서

기적소리가 띄엄띄엄하다

시간을 잊은
남겨진 이야기만
낡은 의자에 앉아있다

침묵은
때로는 그리움으로
소리를 죽여 가니 더 조용하여
은밀해지고
정지된 시간의 늪인 듯해도
추억은 살아난다

마지막 열차가 울리고 간
철도 위의 여운을 향해 발걸음을 서성이며

우리는
그것에 애틋한 그리움이 있음을
살아가면서 알아가고 있다

가끔
간이역의 기적소리를 발걸음으로 닿아
둘이서

그 곳
의자에다
살아온 이야기를 얹어놓는다

삼매경 충전

햇살 흘러드는 창을 기대고
책을 읽는 겨울은 따뜻하다

가끔 잠결에 졸기도 하는 글자가
흘러내리는 머리카락을 따라
흘러내리다가 놀라기도 한다

시간은
노크하는 것을 잊고
석양을 따라 갈 때까지
숨 쉬는 것도 잊고
그녀의 무릎을 베고 잤다

대하소설도 아닌 책
세 권이 다 끝날 때
벨을 누르는 소리에
시간이 먼저 날랐다

여행 충전

돌아 올 것을 알면서도
아주 가듯이
대문을 닫고

채우기 위한
만남을 위해

기다리는
누가
있는 곳으로 가는 것처럼
산뜻한 날개를 단
마음의 날갯짓

찌리리리
전기가 온다

역마살에
불이 붙는다

산행에서 만난 비석

-거문도에서

떨어진 동백꽃 다섯 송이
바위 위에 누웠다

태양빛에 산화해야 할지
그냥 흙으로 돌아갈지
죽어서도 죽지 못하는 주검이다

바위 옆에
그림자를 눕히는 나무들
스러진 꽃의 마지막을 후양 하듯
늦추지 않는 경계는 사뭇 무겁다

나는 무엇을 써야 할
욕망의 모습을 버리지 못하여
메모지를 꺼내고 폰을 더듬더듬 거리며
나무에 단련된 연필심을 누른다

산 위에서
바람이 두고 간 죽음을 쌓고 있는
꽃잎이 누운 바위는
꽃잎의 관이며 비석이다

꽃으로 돌아가지 않는 처연함을 위로하여

일어나지 못하는 바위를
비석으로 세운다

청산도의 봄

봄 익은 햇살이 아담한 섬에 올라와 구석구석을 닦고 있으니, 소리꾼 추임새를 객지 사람들은 저마다 마음 속으로 즐기는지 표정은 평화롭고 입술은 웃기만 할 뿐, 봄 천지다

돌담길의 민낯은 언제 보아도 다정하여 옛 정취에 이르게 하는데 아이비의 파란 손짓이 가담한 골목마다 여행객의 수다가 다정하다

서편제의 영상을 그대로 펼쳐내며, 그때가 오늘 이듯 돌아가는 사이 길마다 장단 소리와 맞장구치는 봄빛은 찬란하여 지난 어둠의 그림자는 지우고 어여쁜 무늬를 새기고 있는 청산도, 봄은 봄이다

해프닝

고집하면
더 슬퍼질 뿐인 주장의 엇갈림
둘 다
들어주자는 식으로
끝낸 찝찝함을 숨기고
해탈의 가면을 쓰고 있으나
차라리 체념이다
마주 보고 있으니
서로가 거울이 되어
치미는 화禍를
도랑 파고 숨겨 둘 수 없다
둘 다
든
백기의 언쟁에 진정한 해탈은
히죽이는 웃음이다

수건

수건이 돌돌 말려 있다
손만 대면 또르르
풀릴 태세다

젖은 몸을
잘 닦아 주고
젖어버리고 던져져버리고

세탁기 속
가루비누 덮어쓰고
물을 뒤집어써도 어쩔 수 없는
물먹기로 돌돌 구불다가

빨랫줄에 매달려
보이는 세상은
전부 흔들린다

고통을 말하기보다
역할을 먼저 기억하는지

다시 돌돌 말려
손만 대면 또르르
풀릴 태세로 사는 것과 다른

49재 때, 평풍 위에 걸린
마지막 몸 닦기의 수건
몹시도 하얗더니
말린 흔적 없이 진한 눈물을 거뒀다

아담을 위한 안단테

새벽 게으름을 깨운다

부엌은 말끔하게
어젯밤의 단잠을 그대로 하고
새로운 화장을 기다린다
바짝 겉마른 도마를 눕히고
빛이 현란한 야채의 일종을
자르고 두드리고 다지고
소리는 죽이고
믹서한다

우유빛으로
커텐을 여는 아침 식탁
아담의
충분한 만족을 기다린다

참새 떼 봄나들이

파밭
참새 떼
이른 봄 수확이 바쁘다
갓 올라오는
부드러운 새순 향기를
어디서 보고 날아왔을까
주인 할머니가 화들짝 놀라 치는
손바닥 소리가 귀청을 때려도
봄 캐는 소리가 요란한
참새 떼 봄 나들이

춘설에 대하여

아무리
아쉬워도
그렇지

다시오면
어떡해
봄빛 드는데

객(客)이
주인 된
하얀
저 뜰에

새싹이
시리다고
우는 것 좀 봐

나를 만나는 시간

고뇌의 귀
고흐를 만나다

고흐의 무늬가
귀 없는 자화상은 아니다

그러나
나는 궁금하다

붕대 속의 고뇌
고뇌를 숨긴
하얀 것의 비밀

나의 붓질은
인문학 시간에
자꾸만 감긴 붕대를 푼다

나팔꽃 연정

이슬이 굴러 내리는
나팔꽃 소리는
어머니의 목소리였다
정말 기분 좋은 날
여름 어느 날은
그랬다
어머니의 바쁜 일 손
우리를 깨우는 일에 머무는
한가한 날이면
빨강과 파랑이 조화롭게 물든
나팔꽃이 활짝 피었다

커피나무 한 그루

커피 볶는 냄새가 난다

프리지어가 덩달아 향기를 볶는다

도시인의 고독을 커피 속에 붓는다

창밖의 봄

햇살의 레이저로 뚫고 들어오는

어설픈 기지개가 예쁘다

커피 향기가

겨울의 지느러미가 느리게 움직이는

유리창을 깨기 전에

뽀얀 입김을 바르고

커피나무 아라비카를 들고 나온다

백도

오랜만에 잔잔하다는
거문도의 바다
백도로 향하는 길을
우리에게 열려 주어

쾌속선의 속력보다
상상력의 두뇌가 재빠르게 움직인다

무성한
섬의 숲
아흔 아홉 개의 봉우리들

아무리 그려봐도
뇌의 요지 부동에 걸린다

백도는
내가 그려낼 수 없는
신비

환상
그 모든 것으로 둘러 쌓여
나는
무엇을 보았는가
말할 수 없다

아무 말
할 수 없는 섬

그것이
백도였다

콩깍지
권명해 시집

02

노르웨이의 오월

노르웨이의 오월은
온통
하얗다

만년설의 속살이 떨어질수록
커져가는 이방인의 환호성

슬픔이 절규로 돌아오지 않는
비정

이팝나무의 꽃이 떨어진다
배고픈
과거의 눈물이
빙하를 타고 흐른다

보리밭과 양귀비

같은 장소에서
서로 다른 모습으로
익숙해지는 낯선 연습은
지리산으로 향하는 길목에 있다

노랗게 잘 익은 보리밭에서
선 붉은 옷 입은
양귀비의 산들거림

주객이 전도되었는데도
같이 웃고 선
보리는 소문처럼 까칠하지 않다

파장이 긴 붉은빛을 향한 눈 쏠림은
그것보다 짧은 초록빛이 있어
다 붉다

네가
있어
내가
있는 것처럼

우도 여행

제주도에 점 찍고
다시 바다를 건넜다
한겨울의 유채꽃이
봄을 산란하고 있다

바다를 건너
제주도에 다시 점 찍고
건너 온
육지에

우도의 향기가
봄을 부르고 있다
노랗게
개나리 보다 먼저

동백꽃잎

님이여!
내가 붉어
붉어있거든
스쳐가고
지나가고
무정치 말고
눈길 한번 정답게 주고 가소서

봄비

대지를 숨 쉬게 하여
언
겨울의 흙을 갈고

깨금발
온 종일 젖는
새싹의 뿌리 여물게

하루 종일
다지는 소리
주르륵 주르륵 땅에 내린다

봄까치꽃

봄까치꽃 노래가
봄을 부르네

겨우내
움으로 숨겼던 심장

먼저 피워야 할 꽃이기에
안은
하늘색

까치
까치
울면
반가운 손님 왔듯이

봄까치꽃 피면서
봄이 왔네

컴퓨터가 나가다

컴퓨터를 너무 쉽게 생각한 거야
열어 둔 채로 외출하고
돌아와서는 깜박거리는 것을 보고
잊었던 것을 기억해 냈지
펴면 펼쳐지는
하얀 공책인 줄 알았거든

네가 나갔을 때
물속에 수 천 년 동안 수장된
보물을 잃게 되었다는 것을 알았지

피를 말렸어
공중분해 된
바탕화면의 장치들이
내 머릿속을 난장판으로 만들었지

너는
나의정보를 깡그리
씹어 먹겼는데
왜 멍청하니?

화장터의 굴뚝 연기가 하얗다

가슴에 남은 파편을
퍼즐처럼 맞추다가
차라리 글을 다시 쓰기로 작심했다

눈꽃의 유혹

소나무의 인내를
하늘이 알고자 하여
보낸 꽃인가

촉마다
핀
눈꽃

아무리 피어라

곧은
푸른 솔
자지러지나

공곶이를 걸으며

예구마을 끝머리
비바람에 씻긴
수려한 숲길을 걸었다

궁둥이처럼 튀어나온 몸매에
무성한 동백 터널이 숨 쉬고 있다

솔뿌리는 노부부의 세월을 함께하고
수선화 향기 물씬 풍기는
계단식 다랭이 농원이 발걸음을 묶는
그
앞의 전경

파도의 테너 음성이
내 손을 잡고 누비는 자갈 마당

물결의 등위에 부유해 대던
해초의 안녕의 기다린다

연어의 반한 여인

감홍색에 유혹당한다

생선의 살갗이 노르웨이해를 움직여
종일 반짝거리는 유혹에 감당하지 못해
연어의 빛깔을 찾아다니다 만난
해빙아래
더 깊숙이 숨어있다 더 깊은
동면에 든 연어를
맛보기로 한다
터질듯이 탱글탱글한 눈부심은
연어의 등을 타고 온
노르웨이해의 한 폭이 그려내는 빛깔

나는
빙하의 바다를 손끝에 두고
냉정한 미각의 충동질을
아주 잠시나마 붙들고 있다
연어의 연인이 되어

여름밤

더위가
무기력해지기를 바라며
손부채를 부지런히 부채질한다
불빛의 창
다닥다닥하여
뼈마디 쑤시는 도시의 동네 벤치에 앉아
열대야의 뜨거운 노래를 식힌다

폴란드의 소금광산

소금을 따라 갱 안으로 들어간다 바닷냄새가 골짜기를 넘어오는 굴곡이 가파르다 옛 왕조의 부귀를 돌이켜 보기에는 채굴의 시간이 허락하지 않는다 소금의 역사가 만들어낸 다양한 인물들의 조각상 앞에서 교차하는 만감, 기쁨과 슬픔의 엉킴이다 재화 앞에서 나는 생각의 요새를 파고 있다

아리타에서

아리타역에 닿았다
바윗산이 도석을 캐내어 반원을 그리는
기대감이 먼저 내린다

노보리가마에서
불꽃의 통증은
도자기속의 무늬를 새기고
고향을 떠난 도공의 울음소리는 공병속에 갇혔다

달 항아리의 자태가
그리운 이국

항아리는 그대로 앉았는데
내가
왜 적막한가

* 노보리 가마 : 장작을 원료로 한 한국식 가마

** 아리타 : 일본 노사기 마을

구체구 나들이

친정 소속 여인들이
거대한 호수의
한적한 고요에
일상을 던지고 화상에 빠진다

아홉 가구 티베트인들의 무릉도원이
숨겨져 있는 세상의 동굴 속에서
빠져나와
시선 마주에 까르르거리다가

나는
한 알의 물방울로 집을 나선 며칠 째
반짝이고 다니면서
다섯 여인과 섞여
웃음 물빛을
한 시도 적시지 않은 날 없다

저마다 다른
계곡의 물줄기가
강물에서 만난 사람들
친정집이야기가 이국의 밤
자장가가 되고 있다

모녀의 꿈

동창이 밝아온다
밤 새운 책상은
염원이 간절하다
사회의 지팡이를 꿈꾸는
딸의 시름을 함께 한
낡아가는 책의 영광이 있기를 바라는
아침이 찬란하다. 모녀의 기도속에

맨드라미의 일기

여러 꽃씨 뿌렸는데
두어 그루 흙을 밀고 나왔다

고놈 참 때깔도 좋다
애지중지 봄을 산
맨드라미 아닌가

요놈 벼슬이 커가면
여름가고
가을이 온다는데

내 주름 보듯이
날마다 눈여겨 보는
머리 끝

아직
멀었다
벼슬이 붉을 날, 여름이 싫다

콩깍지
권명해 시집

03

민물에서

물이끼를 걷어 내고
미끄럽게
지리산의 물을 캔다
돌멩이를 더듬어
한 발 짝씩 옮기며
바위에 붙은 민물고동을 찾는다
긴장한 나의 발바닥은
물소리를 첨벙거리며
애가 닳아
두어 시간을 훑는다
겨우 열서 너 개
민물이 바닷물 보다 짜다
다슬기를 세며

새

나는
그녀에게
완전히 잃어버린
한 마리 새였다

봄날
아지랑이 같은
날개짓으로
전해오는 무선 속에서
다정히 부르는 목소리를 만나지 못했다면

잠시
잃은
새였음을
마음으로 조회하고

아무
무서울 것 없는
창공을 향해
비상하는 멋을 보였다

홍매화

귓불 에우는
살얼음 녹이고
태어나는 환희
붉어서 뜨거워라

향기
매혹하여 여자라 이르면
너는
얼마나 살았음이 슬플까

태초에
받은
붉은 꽃향기
세상을 향해 봄을 일러 줌이어라

비오는 날의 비애

네트에 공이 걸렸다

비가
줄줄이 타고 내리며
떨어뜨리려고 안간힘을 쓴다

공손히
나의 손을 기다리며
빗 속의 외로움을 견딘다

공은
빗물을 타지 않는다
네트를 넘으려고 했을 뿐

사각코트 속에서
땅을 튕겨내던 자존심
무너진 공

네트의 사각지대에서
살려는 용틀임도 없다
넘지 못한 것에 대한 사죄

비를 맞고 있다

이별, 놓다

너를 부여안고
누르며 말갛게 말아 올린 짠물
그것도 너의 위로였음이다

내 이기심으로
시간의 저 안쪽에 가두 두고
보내지 못한 것을
추억이라는 입술 서비스로
마치 클림트의 키스처럼
세상에서 단 하나 뿐인 사랑을 기억 하듯
하는 그것을
밤낮을 숱하게 서성인 집착이었다고
멍에를 씌워 뭉개버린다

묵묵히 갇혔던 공간
헛배 불린 시간들을 어루만져 본다
쓸쓸함이 큰 너의 눈망울에 흐린 재, 흩날리고
눈물 가신 하늘에 망각의 강이 지나고 있다
저무는 날, 너와 나
흔적을 비우는 시간, 너를 놓다

풍경화 보기

그림 속의
원근감을 즐기는 재미가 있다
색의 농담에 따라 전해오는
표현도 감상의 한 몫이다
긴장은 어디에 있을까
요모조모 살려보다가
서로를 간섭하지 않는
명암 즐기기로
붓을 내리고 나온다

나의 기억은

당신의 기억을
가장 자랑스러워한다
시집살이한 당신의 이야기며
밥도 못 하던
딸의 손을 꼭 잡으시고
거뜬히 해 내게
용기며
박수며
갈채며
나의 인생에 펴주신
"엄마는 그래도 되는 줄 알았습니다"
낭송을 하게 하여 준
목소리였다
나의 기억은

외출

하늘 떠나온
봄비의 외출 며칠 째
하늘은
무엇을 찾다 지쳤는지 뿌옇다

찰방거리는
뜰 안의 새싹들이 노는 소리가
정겨운데

나는
나의 외출을 준비하며
립스틱을 바른다
하늘색 옷을 차려 입고

그러나
지칠 일을 만들고 싶지 않다
맑은 날의 외출

우연히, 햇반

커피의 풍경에는 수다가 풍성하다
집밥 짓는 아낙네의 손

수월한 햇반 이야기에 몰입한 표정들 나이를 잊고 반짝인다. 아마도 퇴근하고 기다릴 지도 모르는 시간을 잊은채

식탁 위에
햇반 놓고
기다릴 나의 모습도 잊은채

햇반은
수다를 쪄내고 있다

후각의 향기

우리 집에 귀한
청년의 귀가는
자정이 넘은 벨소리에 들킨다
낮은 헛기침은
민망한 귀가의 인기척이다
그 모든 진동이 사라지기도 전에
코고는 소리는
비로소 잠자리에 든
가족들의 시름을 재운다
청. 년. 실. 업을 겪는
깊은 밤이 저물면
아침은
분명 올 것이리라

침대에서 떨어진
양말짝
오늘을 찾는 냄새가 진동하지만
내일은 향기로 사랑하리라

펭귄의 귀가

어미를 기다리는 집을 향해
방추형 몸의 짧은 다리
부지런한 걸음이 분주하다

검은 등 물속으로 사라지면
몰려오는 물고기
언제나 팽팽한 긴장 속의 바다
넘나드는 생사가 있다

집으로 가는 길
험난해도 닿으면 평화가 있어

먹잇감 부리에 이빨에 머금고 새끼들을 위한
부양의 힘으로
뒤뚱거려도 눈이 따라갈 수 없게 빠른

호주의 넓은 해안에서

노을 끝에
하루의 해후가 깊어지는
펭귄의 둥지를 본다

서리꽃

지난날 인연들은
자연스러운 것들인 줄 알았다

의식하지 않고
있는 듯 없는 듯
무심하게 지내도
잘 지내는 것이라 여기며 살았다

어느 날 너를 떠나보내고
날개를 찾아 헤매다가
눈을 뜨는 아침이 얼마나 많았든지
상처 난 흔적들을 메워가며
너를 다시 알았다

처연한 시간들의 외로움 속에
홀로
외로움을 깨어야하니
한겨울
서리꽃이 몹시 서럽다

마주보며
혼자가 아니라는 믿음을 주던
나는 네가 되고 싶다
너도 그러자
마음이 먼저 가는 우리가 되자

세상 내려다보기

"구나이든"
터키식 아침인사로 만나
카파도키아의 새벽을 연다
간밤의 고립을 지우고 열기구를 띄운다

이국의 지형은 뾰족하여
태양 태동이 여울 치는 곳으로
집중하여 밝아오는 환호성

여행에서 만난
하루의 시작은 찬란하게
마음 골짜기마다 불기둥을 세우고
집을 짓고 테우기를 반복하게 하는
중천 아래
협곡을 건너 야위기도 하다가
들판을 훑는 야생성을 보기이기도 하다가

시시각각 다른 그림자를 보이는 것에
감탄하여

나는
그동안
동쪽에서 떠서 서쪽으로 지는
어진 태양의 다른 권력을
카파도키아에서 보았다고 메모해 둔다

아이비를 위한 세레나데

우윳빛 화분을 가마인양 타고 온
아이비가 고향이 그리운지
수평으로도 수직으로도
뻗어가기를 거부한다

음지 양지 가리지 말고
잘 자라는 성품 그대로 살기를

뿌리를 위한 흙의 세레나데가
부족한가 싶어
나무젓가락으로
일없이 쑥쑥 찍어본다

꽃보다 화분에 시선을 준
처음 만남이 마음에 걸려
햇살 드는 창가에 얹는다

여름의 체취

폭죽 같이 터져 나오는 땀방울
산행으로 만나면
보약이라고 누군가 말한다

미인용 땀구멍이 커지는 것은
생각하지 않고
말하는
마네킹 같은 사람들

손등으로
쫓아내듯이 훑어내는 땀
내 분비의 탈출이다

가볍게 밀려오는 허탈,

정상이
몇 걸음 남았다고 하는데
여름은 안긴힘을 쓰고
등에 딱 붙는다

콩깍지

권명해 시집

04

겨울산은

겨울산은 분홍 철쭉이 그립다
멀리서 들려오는 새소리며
바람의 잔잔한 속삭임에
애절한 가슴은 애절하다

상고대 예리한 끝에는
화사한 재잘거림이 매달려 있고
눈 속 겨울 발자국에는
아직 시린 바람이 있는데

밤이면 동네를 내려와도
지워지지 않아
밤을 꼬박 새운
하얀 눈에 선 핏발은

고통의 얼룩을 씻어 내는
심지를 꼿꼿이 세우고
분주한 생동을 잉태하는
겨울 산의 깊은 산고디

꽃다발

화촉의 촛불이 은은하다
가슴속 꽃불은
언약에 두고

세상에 하나뿐인
오늘의 신부

광활한 지구의
오직 한 사람 곁으로
옮기는 발걸음은 아름답다

긴장의 떨림이
미소로 전해져
하객들의 찬사에 저절로
찬란한 상제리아의 불빛아래

레드카펫이 더 붉게 빛나는
이브닝 웨딩

하객의 부러움은
영원한 꽃다발이 되어
그들의 곁에서 시들지 않으리라

노을

수평선 끝이든
지평선 끝이든
마지노선을 발 뒤 끝에 두고
섰다
떠나는 모습을
끝까지 보여주지 않고
손을 흔든다
하루를 날마다 맞이하고
날마다 보내면서
나는
손을 흔들어 보낸 적 있는가

노을을
보면
눈물이 흐르는 까닭은
언제나 이별을
너에게 부탁했기 때문이다

그만큼 만

파란 손바닥이 허락한 만큼만
하얀 유리구슬을 안고 있다
또르르 굴려 내리면
꼭 그 만큼

폭염 속에
비 만난 연 잎사귀
허기를 풀 수 있는

꼭 그 만큼

컬링의 한 수

인생길은 혼자 갈 수 없다
나의 모든 것을 아는
네가 있어야 한다

목소리를 듣고
함정을 빠져나오고
숨소리의 고저로 희비를 안다

수많은 길이 있으나
약속한 길을 가지 않으면
만날 수 없다

나는
너에게 길이 되고
너는 나의 길이 되고

서로의 길을
다 맡길 수 있는
동행이 되기까지

모서리가 깨어지고
둥글어지면서 아문 상처의 영광이
오늘이다

비오는 연밭

연달아 빗줄기가 떨어져도
파란 손바닥위의 구슬은
간격이 있다

높고 낮은 빌딩 사이에도
비오는 날이면
다정하게 둘이서
우산을 펼 수 있는 틈이 있을까

동그랗게 앉았다
비워주는 자리에
옹기종기 또 앉아도
동그랗게 살다간 자리는
허기가 없다

떨어져 있어 보여도
같이 있는
가족의 간격은 아름답다

송이버섯

비밀스러운 장소에 있다
이슬이 마르지 않는 곳
사뿐히 낙엽 위에
뿌리내린 것처럼

바람결에도
진한 향기
자연의 토박이기에
금방 탄로 나고 마는 은둔

산에 사는 사람의
산을 아는 사람의 길목에서
그냥 살아서
값으로 보다 향기로 살고 싶다

명상

차 한 잔 속으로
내려 앉는
새작의 향연
모시옷 여름이
녹빛에 젖는다

슈빅의 밤

밀림은
오래된 역사를 전하며
이방인의 발걸음을 유혹한다

월광곡의 흐름이
길을 내어주는
숲

달빛으로 채우고 싶은
욕망은
흑백의 후레쉬를 터트린다

베토벤의 오선지가 펼친
달빛의 노래
고향의 밤이 그립다

늦가을

나무마다
목덜미가 시리다
두르고 있던
스카프를 날려 보낸 나뭇가지
휑한 얼굴이
차라리
겨울을 기다리고
섰다

설화 이야기

바람 이는 숲길 걸으면
잎새는
산들거리는 몸짓으로 귓가에 속삭인다

도편수 동량이 전등사 짓는데 바친 정성
술집 여인에게 빼앗긴 객고의 회포
어이하여 나체로 처마를 받들게 되었던가

거짓의 누더기를 벗기고
좌절 속 통증을 한 점씩 깍아
전등사 처마 끝에 나신으로 봉인한
조각가의 행위도 옳다고만 할건가

모난 울부짖음으로 나락으로 떨어지는 마음
일상의 혼란함이 나를 포위한다
속죄의 무게를 감당하며 허연 살 드러내는
여인이 내 속에는 없을까
한탄의 산사에 거친 바람이 분다

천성산을 품고

산 속의 만추를 만나러 가서
카메라 렌즈를 맞추니
색은 있으나 흥이 없다

눈의 렌즈에 느낌까지 담아
가슴의 앨범에다 저장하려나 보다
산의 어루만짐을 당하고 싶다

네 속안에 물든
나
여기 있는 빛깔이 아니고 싶은

눈치 빠른 단풍잎은
조금씩 뒤꿈치를 들어 콧대를 세우고
내미는 나의 손을 뿌리치고

천성산을 품은 가슴
찻잔에 내려앉은 하늘 한 자락에
달뜬 가을을 뭉개는 찻빛 일렁인다

휘호대회의 얼굴

징 –
징 징 –
소리가 울리고
멍석 깔고 무릎 꿇은 침묵들
먹물의 그릇 안으로
붓끝을 적신다
사군자의 수묵 향에 다시 피는
구절의 명언들
휘호장의 광장을 끊임없이 넓혀 나간다
굶어도 배고프지 않을
가슴 새길 어휘들
근육이 튼튼하여 대대손손 이어질
침묵들이다

토암공원에서

삼라만상의 표정이 있다

나의 형상은
어디에 있을까

꼭 다문
입속의 침묵이 궁금하다

꿈 많던 그때
청포도 익어가는
시절을 상상해 보곤 하였다

흙이
웃는다

나를 짓기 위해
시를 쌓는
여심을 눈치 채고

여름에 사는 일이란

새 신발을 신고 나선 외출에서
발등에 상처가 생겼다
며칠 전 가덕도 꽃밭에서 넘어진 무릎이
아물지 않고 있는데

태양도 불볕을 조절하지 못하고
나는 그것을 지붕삼아 다니다가
넘어지는 횟수를 늘이고
이번 여름은 다 그렇다고 해도
땡볕에 쓰러지지 않고
사는
작은 풀꽃의 생명력 앞에

웃는다
석양의 자리에서도 이글거리는
여름
더울 때 사는 일이란
여름의 작은 꽃처럼 살면 된다

콩깍지
권명해 시집

05

꿈

목적을 변경할 시간이 얼마 없다

그러나
나와 마주하면
항로를 다시 고치고
나침반을 다시 들여다 본다

밀물과 썰물이 부질없이
왔다 갔다 하지 않는 것처럼

어머니의 치자꽃

어머니 남새밭의 7월에는
은은한 향기의
치자꽃이 피었다
어머니 옷자락에서
7월이면
피던
꽃
어머니의 체취가
치자꽃이 되었다

다육이의 여름 밤

열대성 식물의 여름 밤
다육이의 성장이 궁금하여
베란다에 나가보니
불볕더위를 재운
짙은 녹색의 사막기둥
달빛 서정에 젖어
달무리를 짓고 있다

너희들에게

누나가
남동생의 생일 날 선물한 생일 케익
여는 순간
늠늠한 녀석들이 크림위에 올라서
허리를 두 번 좌우로 꺾어
큰 절을 한다.

동병상련의 불꽃을 한 번에 후 불어 날린다.

무엇을 향해 간다는 것은
삶의 심지가 꿋꿋하지 않으면
과정을 극복하기 어렵다
아들아
딸아
아낌없는 신뢰가
자신의 발목을 잡는 끈이 아닌지
가끔은 회한에
눈물이 고이는 것을
합장 속에 후려내고 기도한다.
오늘
아버지가 격려하는 박수소리에
스트레스의 누적을 말끔히 씻고
태양은
꿈꾸는 자의 새벽 안으로
빨리 들어와 세상을 밝히는 것을 기억하자.

숲길 걸으며

우레시노 숲길에는
환상의 푸른색이 이어진다
겨울의 기억은 흔적 없고
물기 머금은 초록은
머뭇거림이 없다

숲 길 끝까지
이어진 올레길 걸으며
젓가락 나무의 은은한 향기는
작고 연노랗게 속삭이며
떨림으로
황홀하게
유혹한다

숲길 끝자락에
향기를 키우는
녹차밭의 이랑마다
층층이 쌓여 있는
바람의 씨줄 날줄 이야기 들으며
시를 짓고
삶의 첫 번째 종주인 듯
벅찬 가슴이다

시선들

영혼을 탕진한 낮을 위로하는
어느 여름밤
진코를 데리고 중앙공원을 돌다가
따가운 시선의 분노와 반감이 교차한다.
유명 연예인의 반려견 사고가 씻기지 않아
찬바람이 세차게 부는 것을
온몸으로 느껴져 오는
더운 바람 속 낙화의 산책길은
서로가 무례하다
멍멍
공공
쏟아지는 시선은 가슴 안팎을 찌르고
서럽게 떨어지는 저 별똥별 있다

연대도

바다위에 검푸른 인고의 세월은
물밑까지 가름할 수 있는
청정한 평정을 주어
떨어지는 햇살 낱낱이
맑고 푸르게 심는다
오롯이 해변을 지키는
몽돌의 굵은 파도소리는 알알이 충실하여
육지에서 가져 온 근심을 놓게 한다
취나물 방풍나물
소금기를 물고 있는 미역나물도 밥상에 받고
해풍으로 간을 한
이야기꽃을 피운다
바다는
한 시도 출렁거리는 것을
잊지 않으며
고요한 해안 길을
울퉁불퉁 내놓아도
나는 약속한다
그리움이 고플 때
곤궁을 풀러
여기에 오겠노라고

워라밸

일에 매몰되어있다
시간의 넝쿨이 나를 감고 있다

향학으로 높은 기대감
스르르 꺼져가는 불꽃이 되어

짧은 환상속의 긴 환멸
청년들의 파열음은 깊어만 간다

무심코 낮아져 가는 자존감
현실이 종이라면 쭈우욱 찢어버리고 싶다

진코의 하루

새벽에 팔을 잡아당긴다
강아지의 무모함에
왜 저항하지 못하는가에 대해서
의심하면서
따라 나간다
산책길에 만난 짖어댐
줄을 잡아 당기면서
돌아온다
밤마다 뛰어다니는
진코의 발바닥을 따라가면서
자유는 이런것인가에 대해서
의심한다

내 언니

머리에
풍선이 들어 있다고 했던 언니는
전쟁 다음해
칠남매 둘째딸로 태어났다
집안일을 부지런히 하던
그녀의 물동이는 항상 찰랑거렸다
물 새는 물동이 물을 쉴 새 없이 뿌리면서도
하얗게 웃던 언니가 시집가던 날
채 잊어지기도 전에
별이 되어 버린 그녀의 큰 아들
허공은 너무 넓고 높았든지
언니는 머리에 풍선이 있다고 했다
검은 구름이 있는 날이면
풍선이 내려오지 않을까봐
종일 고개를 젖히고 쳐다봤다
머리의 풍선이 내려 올 때까지
그렇게 살아야 한다고
허리 한번 펴지 않던 언니

이제는 별을 떠나는 수술을 받은 후
유년시절의 청순한 소녀로 돌아와 내 곁에 있다
풍선을 놓아버린
손에서 뜨개바늘이 뜸을 늘인다

첫눈 내리는 날의 장난

솔 끝에
아스라이 남은 봉숭아
첫눈
끝에
반짝이는 기다리는
님
명화전에 가서 만난
오, 오 구스타프 클림트의
강렬한 키스가 또 보고 싶은

블루마운틴

북청색 바다는
사암 침식이 만든 수직절벽을
궤도 열차를 타고 협곡을 누비며
세자매봉 이야기를 함께 듣는다

유칼립투스나무에서 증발된 유액 사이로
태양광선의 깊은 호흡이
스쳐간 순간
그 진한 푸른 빛은
황홀지경의 감탄을 연발하게 한다

잔잔히
천년을 흐르는 폭포와
원주민들의 손길로 지켜지는
올레미아 소나무
옛 선조의 곧은 절개를
지키고
세상과 긴 호흡을 나눈다

휴양림에서

한가위 보름달 아래
캠핑의 꿈은 이루어져
집을 싣고 찾은
산 속은 부산하다

숨 가쁘게 달려온
시간의 지문은
일단 휴식에 들고
도시의 지붕은 텐트 안에 들었다

어둠을 뚫고 흐르는
계곡의 물소리를
파수꾼으로 명명하고
자유로운 다른 일상을 펼치는

일찍 집짓기를 마친
밖에는
모닥불 피는 소리를 에워싸고
웃는 웃음이 맑다

호밀밭에서 흔히 있는
소통 안 되는 말이 많아지고
초롱같던 별빛이 흐려질 때
산 속 한 복판 이방인의 휴식이 왔다

닫힌 마음

유선도
무선도
다 끊어졌다

빛바랜
우정의 무정함

누구의
빗장이 열리지 않았을까

선을
이어 갈
아무런 공구도 없는
빈 손

너도
나도
손 탓만 하고 있음을 들키지 않고

마음은
동산에 올라가
혼자 있다

꽃나무의 일기

베란다에서 주는 대로 먹고 살다가
스스로 물 먹는 일을 잊었다
하늘은 바깥에 있으니
주인이 집을 비운 5일 째
탈진해가는 팔다리를 겨우 부축이고
거실 안쪽보다 더 먼
현관문을 빤히 쳐다보고
목마른 것을 참는
침,
바짝바짝 마른다
바깥 태양은
어제부터 숨어버렸고
비를 종일 뿌렸으나
나를 추스르지 못하고
유리창이 젖어갈수록
목이 탄다

연극, 맥베스

인간의 양심과 영혼의 절대적 붕괴
결단력이 없고 귀가 얇은 맥
꼭두각시 인형 왕이 된다

아내의 탐욕과 달콤한 속삭임
빨강드레스 속 강렬한 욕망을 숨기고
내면의 제약이 풀리자 자신도 제어 못하는 괴물이 된 멕

세익스피어는
진실과 거짓 이분법의 세계
내가 속해 있는 인간의 영광과 치욕을 말한다

욕망은 금기에 의해 충동질되고
그 대상을 쟁취하는 순간 나를 삼키고 화장된다
정작 그 너머에는 공허인 것을 알지 못한다

휘장이 내려졌다
공허도 함께 사라졌다

콩깍지
권명해 시집

| 해설 |

시의 여행을 통한 소망의식 승화
–권명해 시집 『콩깍지』

박 미 정
(시인·평론가)

가을이다. 유난히도 무더웠던 지난여름의 잔영마저 지운 산천의 초록빛들은 저마다의 생명력을 회복하여 자연스럽게 변화해 가고 있다. 길섶은 가지각색의 들꽃으로 풍경을 잣고 들판은 곡식 여무는 소리가 한창이다. 이 가을에 권명해 시인의 첫 시집 『콩깍지』가 『1박이 필요해』를 비롯하여 78편의 시를 싣고 상재되고 있다.

시인은 등단 후 발표하는 시간을 천천히 두었다. 그러고 보면 『콩깍지』는 주위에서 기다린 늦둥이라고 하겠으나 그만큼 정신적 고뇌가 깊이 반영되었다고 보아야 할 것이다. 시에서 주로 표현되는 대상은 삶과 자연 사물이다. 현실의 아픔 세계의 형상화를 미적 세계로 승화해 나가는 과정을 그려내고 있으며 자연 사물에 대한 미학적 태도는 소망의식에 두고 있음을 볼 수 있다. 대체로 시의 명암이 뚜렷한 것은 삶과 자연 사물을 향한 중층적 발견에 의하려고 노력하는 시인의 모습으로 여겨진다. 리처즈가 "시는 목적지가 있는 게 아니라 여행하는 그 자체와 같은 것이 진정한 목적"이라고 말한 것을 근거 하면 시인이 열어가려는 시적 지평은 이와 무관하지 않다고 생각한다.

또한 시의 여행을 구성하는 언어질서는 시인의 자각으로 이루어지며 궁극적으로 시어는 시인의 시적 세계의 궤적이다. 시인은 언어를 채집한다. 그리고 언어의 기능을 살리는 역할을 순조롭게 진행하기 위한 탐색은, 풍요로운 수확을 위하여 경험하는 길을 나서는 것이다. 시간으로부터 경험하는 시세계를 확장하여 소망의식을 승화해 나가는 그의 시세계를 살펴보고자 한다.

1.

권명해 시인의 시적 세계는 현실로 향하는 시선으로부터 비롯된다. 현실의 장면 하나하나가 언어이며 시간의 재생이다. 이러한 순환으로 경험하는 시세계를 소망의식으로 확장해 나가고 있다.

당신을 떠나
1박이 필요해

왜
또
시심詩心이 필요해?

콩깍지로 만나
진행 중

콩깍지가 뒤에다 꽂는
전송의 한마디가 짠하게 울리는 길 떠남

버스에 오르자마자
문학기행의 소고小鼓로 쓰고자
물음표를 북채 삼았다

마음의 행방은
아무도 눈치채지 못하는
작은 북소리는 따라가며
두드리는 시심詩心

통보한
1박의 외박이 필요해

―「1박이 필요해」 전문

이 시편은 현장의식이 리얼하게 표출되었다. 특히 1연과 2연에서 보인 퉁명스러움이 사소해 보이지 않는다. 대화의 짧은 뉘앙스는 긴장을 연출한다. 그 진술은 미화美化가 아니기에 더욱 그 의미성이 관심을 끈다. "왜/또"에서 생략된 물음표는 "시심詩心이 필요해?"에서 참을성을 토로한다. 아무리 좋은 사이라고 해도 간결한 한마디로 자유를 획득하는 것은 쉬운 일이 아니다. 1박이라는 외박을 통해 얻고자하는 것은 시심이라고 단정 짓는다 하더라도 인간적인 신뢰가 쌓이지 않으면 모호한 화술이다. 화술이 배제된 진실의 승화가 이루어진 시라고 하겠다.

고집하면
더 슬퍼질 뿐인 주장의 엇갈림
둘 다
들어주자는 식으로
끝낸 찝찝함을 숨기고
해탈의 가면을 쓰고 있으나
차라리 체념이다
마주 보고 있으니
서로가 거울이 되어

치미는 화禍를
도랑 파고 숨겨 둘 수 없다
둘 다
든
백기의 언쟁에 진정한 해탈은
히죽이는 웃음이다

—「해프닝」 전문

「해프닝」은 낭만성이 짙다. 시적 화자와 대상은 서로가 자아와 비자아의 행동이 아니라 구별을 해체한다. 처음부터 '나'와 '너'라는 관계가 아니라 '둘'로 표현되어 일반적인 단순성이 아니다. 욕망을 욕망으로 주체하지 못하는 주체의 결핍으로 거울 단계에서 이상적인 자아의 범위를 넓히지 못하다가 마음에 흡족한 듯이 자꾸 웃는 웃음을 지적하여 뛰어넘는다. 타자와 세계를 동일시함으로써 충족된 욕망은 낭만적 서정시의 상상력을 구현하게 된다.

이같이 체험에서 진술되는 자아의 서정은 고백이기도 하다. 다음 시편에서 비록 심상체계를 달리하지만 자연 사물을 묘사의 대상이라기보다 내면의 표상으로 나타내고 있다.

떨어진 동백꽃 다섯 송이
바위 위에 누웠다

태양빛에 산화해야 할지
그냥 흙으로 돌아갈지
죽어서도 죽지 못하는 주검이다

바위 옆에 그림자를 눕히는
나뭇가지는
스러진 꽃의 마지막의 슬픔에
참다못한 흔들림을 미세하게 보인다

나는 무엇을 써야 할
욕망의 모습을 버리지 못하여
메모지를 꺼내고 폰을 더듬거리며
나무에 단련된 연필심을 누른다.

산 위에서
바람이 두고 간 죽음을 쌓고 있는
꽃잎이 누운 바위는
꽃잎의 관이며 비석이다

꽃으로 돌아가지 않는 처염함을 위로하여

일어나지 못하는 바위를
비석으로 세운다.

—「산행에서 만난 비석」 전문

이 시편은 비극에 근거를 두기보다 헛되이 되는 비극이 아니기를 바라는 소망의식이 깔려 있다. 이러한 소망의식은 정서적 기능을 가지는 '흔들림'이라는 일상적 언어를 취함으로써 궁극적으로 상상력과 연결된다. 자연을 통해 인간의 삶과 대응하는 관계를 자연스럽게 치르며 노골화되는 비극적 고뇌가 "바람이 두고 간 죽음을 쌓고 있는"에 도달하여 그로 하여금 무엇인가를 감지하도록 한다. 그리하여 "일어나지 못하는 바위를/비석으로 세운다."에서 보여 지는 의지는 고뇌를 초극하고 경건한 태도와 구도의 정념으로 이룩된 것이다.

2.

시인은 자의식을 자연을 통해 효과적으로 표출하고 있다. 복잡한 내면구조의 형상화는 언어를 사용하는 미적 감수성이 조화를 이루었다.

서울산은 분홍 철쭉이 그립다
멀리서 들려오는 새소리며

바람의 잔잔한 속삭임에
저리는 가슴은 애절하다

상고대 예리한 끝에는
화사한 재잘거림이 매달려 있고
눈 속 겨울 발자국에는
아직 시린 바람이 있는데

밤이면 동네를 내려와도
지워지지 않는 기다림
밤을 꼬박 새운
하얀 눈에 선 핏발은

고통의 얼룩을 씻어 내는
심지를 꼿꼿이 세우고
분주한 생동을 잉태하는
겨울 산의 깊은 산고다

–「겨울산은」 전문

권명해는 이 시에서 자아 세계를 꿈틀거리고 있다. 시간순의 생태기를 보면 겨울산과 분홍 철쭉은 서로가 모르는 것이 분명하다. 사실 본 적이 없다고 해야 할 것이다. 그런데 "겨울산은 분홍 철쭉이 그립다"라고 하여 비현실성을 구체화해 나가는 말법을 시도한다. 의심할 수 없게 너무 단호하여 다음 말법이 궁금해진다. 전편을 보면 이 시에서 그리운 것은 갈등을 '산고'로 통합하는 과정을 드러내며 시인의 정신세계라고 할 수 있다. "멀리서 들려오는 새소리며/바람의 잔잔한 속삭임에/저리는 가슴은 애절하다"에서 그것을 구체화하여 '들려오는 → 속삭임 → 애절하다'로 연결하면 그리움의 정서가 탐닉에 그치지 않는다는 것을 알 수 있다. 다행히 현실은 2연에서 충족되고 3연에서 "밤이면 동네를 내려와도/지워지지 않는 기다림/밤을 꼬박 새운/하얀 눈에 선 핏발은"이라고 하여 설득력을 강화하는 말법으로 접근하여 가시可視세계의 심층을 파고든다. "심지를 꼿꼿이 세우고/분주한 생동을 잉태하는"에서 나타난 가시可視세계의 조명은 "겨울 산의 깊은 산고"라고 하여 과감한 비가시세계로 향하는 실험의 언어 형식이다. 단단한 시적 지평을 넓히고 있음을 보겠다.

그것은「청산도의 봄」을 통해 단절보다 새로운 국면으로 자아 세계를 환치하며 시인이 희구하는 소망의식을 환시시키고 있다.

봄 익은 햇살이 아담한 섬에 올라와 구석구석을 쓸고 닦고 있으니, 소리꾼 추임새를 객지 사람들은 저마다 마음속으로 즐기는지 표정은 평화롭고 입술은 웃기만 할 뿐, 봄 천지다

돌담길의 민낯은 언제 보아도 다정하여 예 정취에 이르게 하는데 아이비의 파란 손짓이 가담한 골목마다 여행객의 수다가 다정하다

서편제의 영상을 그대로 펼쳐내며, 그때가 오늘이듯 돌아가는 사잇길마다 장단 소리와 맞장구치는 봄빛은 찬란하여 시난

어둠의 그림자는 지우고 어여쁜 무늬를 새기고 있는 청산도,
봄은 봄이다

—「청산도의 봄」 전문

이 시의 구조적 특징은 3연으로서 각 1행이며 행마다 호흡이 길다. 이것을 응축하려고 하기보다 펼쳐 놓았다. 덜어내기의 산출 방법과 먼 행위지만 시간적 공간적 측면은 '청산도의 봄'이 가지는 의미를 부과할 수 있을 것이다. 이러한 호흡 방법은 "친정 소속 여인들이/거대한 호수의/한적한 고요에/일상을 던지고 회상에 빠진다/아홉 가구 티베트인들의 무릉도원이/숨겨져 있는 세상의 동굴 속에서/빠져나와/시선 마주해 까르르거리다가/나는/한 알의 물방울로 집을 나선 며칠째/반짝이고 다니면서/다섯 여인과 섞여/웃음 물빛을/한시도 적시지 않은 날 없다/저마다 다른/ 계곡의 물줄기가/강물에서 만난 사람들/친정집 이야기가 이국의 밤/자장가가 되고 있다"(「간이역에서」전문)에서도 긴 호흡을 흐름으로 형성했다. 긴 호흡은 심리적 활동에 속한다. '소속'은 이중적이지만 떠남이라는 즐거움이 부과되어 중압감을 벗는다. "회상에 빠지고"에서 심리적 이동은 오래 머물지 않고 "빠져나와"에서도 순간에 의성어 "까르르"를 통해 심리의 상승을 보다 심화시켜 자유를 표상하고 있다. 언어의 조화로 꾸밈을 거부하는 자아의 모습을 의미 있게 전달하고 있다.

다음 시 「늦가을」은 나무를 보며 고독을 형상화한 작품으로서 간결함이 돋보인다. 시를 이해함에 있어 언어의 절제에서 미적 세계를 확립한 부분이라고 말해야 옳을 것이다.

나무마다
목덜미가 시리다
두르고 있던
스카프를 날려 보낸 나뭇가지
휑한 얼굴이
차라리
겨울을 기다리고
섰다

—「늦가을」 전문

「늦가을」 자연의 순환을 타개하려는 것보다 인식하고 기다리는 것을 선택한다. “나무마다/목덜미가 시리다”는 시대를 살아가는 시대인의 고독이며 고뇌를 자연을 통해 풍자하고 있다. 따뜻해지고 싶은 갈망을 단절해버리는 것으로 ‘스카프’를 사용한 것은 외부와의 접촉을 거부하는 행위가 격렬하지 않고 서정성을 곁들인다. “차라리”라는 연결요소의 접속사를 사용함으로써 “휑한 얼굴”과 “겨울을 기다리고”를 잇고 있다. 결국 자립어이며 활용하지 않는 점이 특징인 접속사의 의미를 언어의 특성으로 살려 내어 시적 지평을 열고 있음을 보는 것이다. 시인은 시적 언어가 이루고 있는 진술의 효과를 내부로부터 용해하고 있는 것이다.

3.

이미지가 다른 두 시편을 '충전'의 본래 뜻으로 상승의 측면을 이룩한다. 언어의 생명적인 것으로 자유롭게 발전하고 있다고 생각할 수 있다.

돌아올 것을 알면서도
아주 가듯이
대문을 닫고

채우기 위한
만남을 위해

기다리는
누가
있는 곳으로 가는 것처럼
산뜻한 날개를 단
마음의 날갯짓

찌리리리
전기가 온다

역마살에
불이 붙는다

—「여행 충전」 전문

햇살 흘러드는 창을 기대고
책을 읽는 겨울은 따뜻하다

가끔 잠결에 졸기도 하는 글자가
흘러내리는 머리카락을 따라
흘러내리다가 놀라기도 한다

시간은
노크하는 것을 잊고

석양을 따라갈 때까지
숨 쉬는 것도 잊고
그녀의 무릎을 베고 잤다

대하소설도 아닌 책
세 권이 다 끝날 때
벨이 울리는 소리에
시간이 먼저 날랐다

―「삼매경 충전」 전문

「여행 충전」은 외향적이다. 그러면 "대문을 닫고"는 주제에 관련하여 역설에 가깝다. 그러나 실제로 대문을 여는 것을 의식한 상태를 간접적으로 드러내는 것이다. 집을 무의식적으로 상기하게 하는 시적 언어의 다의성이라고 해명된다. "채우기 위한/만남을 위해"라고 하는 것은 현실과의 대립을 차단하는 데 우선한다. 실제로 시인은 시를 쓸 때 원형의 논리를 전제하지 않는다. 비논리를 따른다 해도 문맥에 의한 '여행'과 '충전'이 관련되기 때문이다.

「삼매경 충전」은 내향적이다. 독서는 무지無知의 세계를 지知의 세계로 통과하는 과정을 의미한다. 외부가 차단된 창 안에서의 강도를 심화시켜 놓았다. '겨울'의 계절이 가지고 있는 차가움은 없다. "따뜻하다"고 직설적으로 표현한 것에서 독자는 절망을 맛본다. 그러면서도 사실성의 표현에 매료되어 "벨이 울리는 소리에"에서 삼매경의 미적 탐구를 소멸시키지 않고 "시간이 먼저 날랐다"로 향하여 신선함을 획득한다.

두 시편을 통해 외향적이건 내향적이건 시인의 언어로 갈망하는 것은 '충전' 하나다. 서로 다른 서정을 '충전'의 조응으로 공감共感을 이루고 있다. 이러한 공감의식은 "마주 보며/혼자가 아니라는 믿음을 주던/나는 네가 되고 싶다/너도 그러자/마음이 먼저 가는 우리가 되자 "(「서리꽃」일부)에서 일종의 정신적 차원으로 연결하여 승화시키려고 한다. 동시에 시인의 내면의식과 정서가 개입되고 있음을 뜻한다.

4.

다음 두 시편은 언어의 병치를 통해 시의 구조적 질서를 이행하고 있다. 시의 언어는 불가시적인 미지의 세계라 할지라도 피상적인 채로 남겨 두지 않고 시인의 상상력을 동반한다.

수건이 돌돌 말려 있다
손만 대면 또르르
풀릴 태세다

젖은 몸을
잘 닦아 주고
젖어버리고 던져져버리고

세탁기 속
가루비누 덮어쓰고
물을 뒤집어써도 어쩔 수 없는
물먹기로 돌돌 구불다가

빨랫줄에 매달려
보이는 세상은
전부 흔들린다

고통을 말하기보다
역할을 먼저 기억하는지

다시 돌돌 말려
손만 대면 또르르
풀릴 태세로 사는 것과 다른

49재 때, 평풍 위에 걸린
마지막 몸 닦기의 수건
몹시도 하얗더니
말린 흔적 없이 진한 눈물을 거뒀다

—「수건」 전문

'수건'은 누구나 흔한 경험의 대상이다. 그러나 이 시에서의 '수건'은 내용이 평이하지 않다. 1연은 긴장 상태를 보이는 '수건'이 서술되고 있다. 2연과 3연은 함부로 다루어지는 '수건'의 비극성을 그리고 있다. 그렇고 그런 이야기로 냉소적인 태도를 보이는 것은 관련된 상처 없는 일종의 맹목에서 비롯되었다고 할 수 있겠으나 4연에서 '수건'은 선명하게 노출된 결핍이다. 그러나 시적 화자는 5연에서 냉소를 드러내다가 6연은 소용돌이 속에서 "풀릴 태세로 사는 것과 다른"이라고 하여 편승을 완료한다. 7연에서 고착된 이미지로

서의 '수건'이 아닌 형이상학적形而上學的 깨달음을 담는다. 마침내 존재로서의 상승을 성취하게 되는 것이다.

커피 볶는 냄새가 난다

프리지어가 덩달아 향기를 볶는다

도시인의 고독을 커피 속에 붓는다

창밖의 봄

햇살의 레이저로 뚫고 들어오는

어설픈 기지개가 예쁘다

커피 향기가

겨울의 지느러미가 느리게 움직이는

유리창을 깨기 전에

뽀얀 입김을 바르고

커피나무 아라비카를 들고 나온다

―「커피나무 한 그루」 전문

이 시는 추상적인 것과 구체적인 것을 곁들인다. 시인의 시적 감각이 새로운 인상으로 부상한다. "유리창을 깨"는 행위는 시간의 소멸 지점이다. 그러한 예비 된 시간이 직전에 "뽀얀 입김을 바르고"는 새로운 시공時空의 생명력이 잉태되는 순간이며, 새로운 시간이 충적充積되고 있는 것이다. 화자의 존재성이 투영된 매개체로 볼 수 있는 '커피나무'의 표상은 생명의 본질과 관련되며 새로운 존재의미를 획득한다. 시적 화자가 "들고 나"오는 것에서 소도구가 아닌 생명의 이미지로 존재성이 이입된다. 동시에 그것들의 생성과정을 입체적으로 연상시킨다.

5.

이상과 같이 권명해는 시의 여행을 감각적 언어와 함께 하고 있음을 볼 수 있다. 대상을 정확하게 묘사하는 데에 목적이 있는 것이 아니라 시인의 정신세계로 대상을 바라보면서도 철저한 방법적 절제가 있었음을 알 수 있다. 시의 여행은 파노라마처럼 이어지는 대상만이 주체가 아니다. 현실과 자연 사물의 형상화 하나하나가 언어의 결합 속에 이루어지고 있으므로 시인의 지적 세계는 언제나 깨어 있음을 감지한다.

시의 여행은 계속되리라 믿는다. 소망의식은 진정한 가치관을 통해 획득하는 과정을 거친다면 시인의 시적 세계는 그 의미를 잃어버리지 않을 것이다.

콩깍지

인쇄일 2018년 10월 16일
발행일 2018년 10월 25일

지은이 권명해
펴낸이 박철수
펴낸곳 도서출판 해암

등록번호 제325-2001-000007호
주소 부산시 중구 백산길 17 삼성빌딩 702호
전화 051)254-2260, 2261
팩스 051)246-1895
메일 haeambook@daum.net

ISBN 978-89-6649-153-7 03810

값 10,000원

*이 도서의 국립중앙도서관 출판예정도서목록(CIP)은 서지정보유통지원시스템 홈페이지(http://seoji.nl.go.kr)와 국가자료공동목록시스템(http://www.nl.go.kr/kolisnet)에서 이용하실 수 있습니다. (CIP제어번호 : CIP2018033822)